DRESSLER KLASSIKER

ERICH KÄSTNER wurde 1899 in Dresden geboren. Nach dem Studium der Germanistik, Geschichte, Philosophie und Theatergeschichte verdiente er sich seinen Lebensunterhalt als Theaterkritiker und Mitarbeiter von Zeitungen und Zeitschriften. Als Schriftsteller machte Kästner, der heute zu den bekanntesten Kinderbuchautoren überhaupt gehört, 1928 durch seinen Gedichtband »Herz auf Taille« und ein Jahr später durch sein erstes Kinderbuch »Emil und die Detektive« auf sich aufmerksam. Er wurde unter anderem mit dem Georg-Büchner-Preis und dem Hans-Christian-Andersen-Preis ausgezeichnet. Erich Kästner starb 1974 in München.

Erich Kästner
erzählt

Die wunderbaren Reisen und Abenteuer
zu Wasser und zu Lande
des Freiherrn von
MÜNCHHAUSEN

Acht Geschichten
Mit Illustrationen von Walter Trier

Nachwort von
Sybil Gräfin Schönfeldt

Cecilie Dressler Verlag · Hamburg

Alle Kinderbücher von Erich Kästner
sind im Cecilie Dressler Verlag erschienen.
Dieser Klassiker ist bei Oetinger ▶ audio
als Hörbuch erhältlich.

Cecilie Dressler Verlag GmbH & Co. KG, Hamburg 1992
Neuausgabe 1999
Die Erstausgabe erschien 1951 im Atrium Verlag, Zürich
© Atrium Verlag AG, Zürich 1951
Alle Rechte vorbehalten
Nachwort von Sybil Gräfin Schönfeldt
Titelbild und Illustrationen von Walter Trier
Gesamtherstellung: Clausen & Bosse, Leck
Printed in Germany 2006
ISBN-13: 978-3-7915-3570-8
ISBN-10: 3-7915-3570-6

www.cecilie-dressler.de

INHALT

Vorwort 7

Das Pferd auf dem Kirchturm 15

Der Schlittenwolf 21

Der trinkfeste General 29

Die Enten an der Schnur und
andere Jagdgeschichten 37

Der halbierte Litauer 51

Der Ritt auf der Kanonenkugel
und andere Abenteuer 61

Die Wette mit dem Sultan 79

Die zweite Mondreise 97

Nachwort 108

VORWORT

Eines steht fest, und daran ist nicht zu wackeln: Der Baron von Münchhausen, der in diesem Buch einige seiner Abenteuer erzählt, hat wirklich und richtig gelebt, und zwar vor etwa zweihundert Jahren. Er kam im Braunschweigischen zur Welt, hieß Hieronymus mit Vornamen und wurde, kaum aus der Schule, Offizier. Das war damals bei Söhnen aus dem Adel so üblich. Die Väter lebten auf ihren Gütern, gingen auf die Jagd, ritten durch die Felder, tranken roten Punsch und ließen ihre Söhne Offizier werden. Wenn die Väter alt wurden, riefen sie die Söhne zurück. Und nun gingen diese auf die Jagd, ritten durch die Felder, tranken roten Punsch und ließen wiederum ihre Söhne Offizier werden.

Wann war das denn nun, damals? Es war zu der Zeit, als die Kaiserin Maria Theresia in Österreich, Friedrich der Große in Preußen und Katharina II. in Russland regierten. Weil es überall Krieg gab, gab es überall Armeen, und weil es überall Armeen gab, brauchte man überall Offiziere. Und war im eigenen Lande wirklich einmal kein Krieg, so ritt man in ein anderes Land und trat in dessen Armee ein.

Genauso ging es mit Hieronymus von Münchhausen. Als es ihm daheim zu langweilig wurde, trat er in die russische Armee ein. Und im Krieg zwischen Russland und der Türkei wurde er gefangen genommen und erst nach einigen Jahren wieder freigelassen. Später rief ihn sein alter Vater heim nach Bodenwerder, so hieß ihr Gut und das kleine Schloss, und nun war Hieronymus der Gutsherr. Er zog die Uniform aus, ging auf die Jagd, ritt durch die Felder und trank roten Punsch. Söhne hatte er übrigens keine, und so konnte er sie auch nicht Offizier werden lassen.

Davon abgesehen, lebte er wie die anderen Barone auch, und wir wüssten heute nichts mehr

von ihm, hätte er nicht beim Punsch ganz erstaunliche Geschichten erzählt. So erstaunliche Geschichten, dass die anderen Barone, der Pfarrer, der Doktor und der Amtmann, die mit ihm am Tische saßen, Mund und Nase aufsperrten. So erstaunliche Geschichten, dass sie von irgendwem heimlich aufgeschrieben und gedruckt wurden. Münchhausen war sehr ärgerlich und wollte den Druck verbieten lassen. Als er damit kein Glück hatte, starb er vor Wut.
Und was an den Geschichten ist denn nun so erstaunlich? Sie stecken voll der tollsten Lügen! Mitten in Berichten über Reisen, die er wirklich gemacht, und über Kriege, an denen er wirklich teilgenommen hat, tischt Münchhausen uns Lügen auf, dass sich die Balken biegen! Durch Lügen kann man also berühmt werden? Freilich! Aber nur, wenn man so lustig, so phantastisch, so treuherzig und so verschmitzt zu lügen versteht wie Münchhausen, nicht etwa,

um die Leser zu beschwindeln, sondern um sie, wie ein zwinkernder Märchenerzähler, mit ihrem vollen Einverständnis lächelnd zu unterhalten.

Dass ihr mir nun also nicht nach Hause kommt und sagt: »Denk dir, Mama, ich hab eben mit einem Auto gesprochen, und das Auto meinte, morgen gäbe es Regen!« Durch solche Lügen wird man nicht berühmt. So zu lügen wie Münchhausen ist eine Kunst. Versucht es, bitte, gar nicht erst, sondern macht lieber eure

Rechenaufgaben! Und dann, wenn sie fertig sind, lest Münchhausens »Wunderbare Reisen und Abenteuer zu Wasser und zu Lande«! Ich wünsch euch viel Vergnügen!

DAS PFERD AUF DEM KIRCHTURM

Meine erste Reise nach Russland unternahm ich mitten im tiefsten Winter! Denn im Frühling und im Herbst sind die Straßen und Wege in Polen, Kurland und Livland vom Regen so zerweicht, dass man stecken bleibt, und im Sommer sind sie knochentrocken und so staubig, dass man vor lauter Husten nicht vorwärts kommt. Ich reiste also im Winter und, weil es am praktischsten ist, zu Pferde. Leider fror ich jeden Tag mehr, denn ich hatte einen zu dünnen Mantel angezogen, und das ganze Land war so zugeschneit, dass ich oft genug weder Weg noch Steg sah, keinen Baum, keinen Wegweiser, nichts, nichts, nur Schnee.

Eines Abends kletterte ich, steif und müde, von meinem braven Gaul herunter und band ihn, damit er nicht fortliefe, an einer Baumspitze fest, die aus dem Schnee herausschaute. Dann legte ich mich, nicht weit davon, die Pistolen unterm Arm, auf meinen Mantel und nickte ein.

Als ich aufwachte, schien die Sonne. Und als ich mich umgeschaut hatte, rieb ich mir erst einmal die Augen. Wisst ihr, wo ich lag? Mitten in einem Dorf, und noch dazu auf dem Kirchhof! Donner und Doria!, dachte ich. Denn wer liegt schon gerne kerngesund, wenn auch ziemlich verfroren, auf einem Dorfkirchhof? Außerdem war mein Pferd verschwunden! Und ich hatte es doch neben mir angepflockt! Plötzlich hörte ich's laut wiehern. Und zwar hoch über mir! Nanu! Ich blickte hoch und sah das arme Tier am Wetterhahn des Kirchturms hängen! Es wieherte und zappelte und wollte begreiflicherweise wieder herunter. Aber wie, um alles in der Welt, war's denn auf den Kirchturm hinaufgekommen?

Allmählich begriff ich, was geschehen war. Also: Das Dorf mitsamt der Kirche war einge-

schneit gewesen, und was ich im Dunkeln für eine Baumspitze gehalten hatte, war der Wetterhahn der Dorfkirche gewesen! Nachts war dann das Wetter umgeschlagen. Es hatte getaut. Und ich war, während ich schlief, mit dem schmelzenden Schnee Zentimeter um Zentimeter hinabgesunken, bis ich zwischen den Grabsteinen aufwachte.

Was war zu tun? Da ich ein guter Schütze bin, nahm ich eine meiner Pistolen, zielte nach dem Halfter, schoss ihn entzwei und kam auf diese Weise zu meinem Pferd, das heilfroh war, als es wieder Boden unter den Hufen hatte. Ich schwang mich in den Sattel, und unsere abenteuerliche Reise konnte weitergehen.

DER SCHLITTENWOLF

Da es in Russland nicht üblich ist, hoch zu Pferde zu reisen, kaufte ich mir einen kleinen Schlitten, spannte mein Pferd vor, und wir trabten guten Muts auf Sankt Petersburg zu. Irgendwo in Estland oder in Ingermanland, so genau weiß ich's nicht mehr, auf alle Fälle aber in einem endlosen, unheimlichen Wald, wurde mit einem Male mein Pferd unruhig und raste, wie von wilder Angst gepeitscht, mit mir

auf und davon. Ich drehte mich um und erblickte einen riesigen Wolf, der, halb verrückt vor Hunger, hinter uns herjagte und immer näher und näher kam.

Ihm zu entwischen war aussichtslos. Schon war er nur noch fünf Meter hinter uns – da warf ich mich, lang wie ich bin, auf den Boden des Schlittens, ließ die Zügel los, und der Wolf, der eigentlich mich als Mahlzeit ausersehen hatte, sprang über mich weg und verbiss sich wütend in mein Pferd. Das Hinterteil verschlang er, als wär's nicht mehr als ein Stückchen Wurst, und das arme Tier lief vor Schmerz und Schrecken noch schneller als vorher. Als ich nach einiger Zeit wieder hinblickte, sah ich voller Entsetzen, dass sich der Wolf in das Pferd förmlich hineingefressen hatte!

Da setzte ich mich wieder hoch, ergriff die Peitsche und schlug wie besessen auf den Wolf ein. Das behagte ihm gar nicht, und er fraß sich

noch schneller vorwärts. Ich schlug und schlug, und plötzlich fiel das Pferd, oder was von ihm noch übrig war, aus dem Geschirr, und der Wolf steckte darin! Mir tut mein Arm heute noch weh, wenn ich daran denke, wie ich stundenlang und pausenlos auf ihn mit der Peitsche eindrosch.

Wir flogen nur so durch den Wald und über die Felder, und dann galoppierten wir an den ers-

ten Häusern einer großen Stadt vorbei. Das war St. Petersburg, und die Leute auf den Straßen staunten nicht schlecht. Denn einen Wolf, der einen Schlitten zog, hatten sie noch nicht gesehen!

DER TRINKFESTE GENERAL

Gleich nach meiner Ankunft in Petersburg hatte ich mich um ein Offizierspatent beworben. Doch es dauerte noch einige Zeit, bis ich in der russischen Armee eingestellt werden konnte. Und so hatte ich reichlich Zeit und Gelegenheit, mein Geld auszugeben. Bis in die Nacht spielten wir Karten. Ja, und getrunken wurde auch nicht gerade wenig! Denn in Russland ist es viele Monate kalt, und Trinken macht bekanntlich warm. Wer viel friert, trinkt viel und bekommt allmählich eine erstaunliche Übung darin. Ich lernte Leute kennen, die so viel trinken konnten, dass ich vom bloßen Zusehen einen Rausch kriegte. Was nicht heißen soll, dass ich immer nur zusah.
Am meisten von allen vertrug aber ein General mit grauem Bart und kupferrotem Gesicht. Im Krieg mit den Türken hatte er, bei einem Säbelkampf, die Schädeldecke eingebüßt und behielt deswegen immer, auch wenn wir tafelten, sei-

nen Hut auf. Er leerte während des Essens mindestens drei Flaschen Wodka und hinterdrein noch eine Flasche Arrak. Es kam aber auch vor, dass er zwei Flaschen Arrak trank. Doch so viel er auch trinken mochte – betrunken wurde er nie.

Ich stand vor einem Rätsel, bis ich hinter das seltsame Geheimnis kam. Der General pflegte etwa aller Stunden seinen Hut ein wenig hochzuheben. Und eines Abends bemerkte ich, dass er nicht nur den Hut hochhob, sondern auch eine daran befestigte silberne Platte, die ihm als künstliche Schädeldecke diente. Auf diesem ungewöhnlichen Wege stieg der angesammelte Alkoholdunst wie eine Wolke aus seinem Kopfe hoch, und er war wieder nüchtern wie zu Beginn der Mahlzeit.

Meine Freunde wollten mir nicht glauben. Da trat ich einmal, als er eben den Hut wieder aufgesetzt hatte, hinter ihn und hielt einen Fidibus, den ich an meiner holländischen Pfeife angezündet hatte, mitten in die aufsteigende Alkoholwolke. Das gab ein prächtiges Schauspiel! Denn die Wolke entzündete sich und schwebte, in bläulichem Feuer, wie ein Heiligenschein über dem Hute des alten Herrn!

Alle bestaunten das Wunder. Und auch der General selber fand das kleine Experiment sehr hübsch. Ich durfte es manchmal wiederholen. Es kam sogar vor, dass er mich darum bat und schmunzelnd sagte: »Münchhausen, zünden Sie mich, bitte, wieder einmal an!«

DIE ENTEN AN DER SCHNUR UND ANDERE JAGDGESCHICHTEN

Während der Jagd bemerkte ich eines schönen Morgens ein paar Dutzend Wildenten, die friedlich auf einem kleinen See herumschwammen. Hätte ich eine Ente geschossen, wären die anderen davongeflogen, und das wollte ich natürlich nicht. Da kam mir ein guter Gedanke. Ich dröselte eine lange Hundeleine auf, verknotete die Teile, sodass sie nun viermal so lang war wie vorher, und band an einem Ende ein Stückchen Schinkenspeck fest, das von meinem Frühstück übrig geblieben war.

Dann versteckte ich mich im Schilf und warf vorsichtig meine Leine aus. Schon schwamm die erste Ente herbei und verschlang den Speck. Da er sehr glatt und schlüpfrig war, kam er bald, samt dem Faden, an der Rückseite der Ente wieder heraus. Da kam auch schon die nächste Ente angerudert und verschlang das Speckstückchen. Auch bei ihr tauchte es kurz

darauf hinten wieder auf, und so ging es weiter! Der Speck machte seine Reise durch alle Enten hindurch, ohne dass die Leine riss, und sie waren daran aufgereiht wie die Perlen an einer Schnur.

Ich zog meine Enten an Land, schlang die Leine sechsmal um mich herum und ging nach Hause. Die Enten waren sehr schwer, und ich war schon recht müde, da begannen die Enten, die ja alle noch lebendig waren, plötzlich mit

den Flügeln zu schlagen und stiegen in die Luft! Mit mir! Denn ich hatte ja die Leine um mich herumgewickelt! Sie schienen zu dem See zurückfliegen zu wollen, aber ich benutzte meine langen Rockschöße als Ruder, und so mussten die Enten umkehren. Ich steuerte sie landein-

wärts, bis wir nicht mehr weit von meiner Wohnung waren. Nun drehte ich der ersten Ente den Hals um, dann der zweiten, schließlich einer nach der anderen, und so sank ich sanft und langsam auf mein Haus herunter, mitten durch den Schornstein und haargenau auf den Küchenherd, wo die Enten ja hinsollten. Mein Koch staunte nicht schlecht! Zu meinem Glück brannte auf dem Herd noch kein Feuer. Sonst hätte es womöglich Münchhausenbraten gegeben statt Entenbrust mit Preiselbeeren!

Ein anderes Mal, aber im gleichen Jagdrevier, stieß ich ganz unerwartet auf einen kapitalen Hirsch, und ausgerechnet an jenem Morgen hatte ich gerade die letzte Flintenkugel verschossen! Das stattliche Tier schien das zu ahnen und blickte mir, statt auszureißen, beinahe ein bisschen unverschämt ins Gesicht. Weil mich das ärgerte, lud ich meine Büchse mit Pul-

ver, streute eine Hand voll Kirschkerne drauf, die ich in der Rocktasche gehabt hatte, zielte zwischen das Geweih des Hirsches und schoss. Er taumelte, als sei er betäubt, trabte dann aber auf und davon.

Ein oder zwei Jahre danach jagte ich wieder

einmal im gleichen Revier, und plötzlich tauchte vor mir ein prächtiger Hirsch auf mit einem veritablen Kirschbaum zwischen dem Geweih! Warte!, dachte ich, diesmal entkommst du mir nicht! Ich streckte ihn mit einem Blattschuss nieder. Und da sein Kirschbaum voller Kirschen hing, gab es am nächsten Sonntag Hirschrücken mit Kirschtunke. Ich kann euch sagen, es war ein delikates Essen!

Eines Tages fiel mich ein fürchterlicher Wolf an, und zwar so überraschend, dass ich nicht zum Schießen kam. Mir blieb in der Eile nichts anderes übrig, als ihm die Faust in den offenen Rachen zu stoßen. Ich stieß immer weiter zu, denn was hätte ich sonst tun sollen? Schließlich hatte ich meinen Arm bis zur Schulter in dem schrecklichen Biest drin. Stirn an Stirn mit einem Wolf, dessen Maul schäumte und dessen flammende Augen vor Mordlust blitzten –

nein, sehr wohl war mir nicht! Ganz und gar nicht! Weil ich keinen anderen Ausweg sah, packte ich den Wolf endlich fest bei den Eingeweiden, krempelte sein Inneres nach außen, als wär er ein Handschuh, warf ihn beiseite, ließ ihn im Walde liegen und ging erleichtert meiner Wege.

Mit dem tollen Hunde, der mich tags darauf in einem Petersburger Gässchen anfiel, hätte ich das nicht probieren mögen. Lauf, was du kannst!, dachte ich und rannte, was das Zeug hielt. Währenddem zog ich den Überrock aus und warf ihn auf die Straße. Der Hund fiel über den Rock her und ich rettete mich in ein Haus. Später ließ ich dann den Rock durch meinen Bedienten holen und, nachdem er ihn geputzt und ausgebessert hatte, in den Kleiderschrank hängen. Am Nachmittag stürzte der Diener entsetzt in mein Zimmer und rief: »Herr Baron! Der Rock ist toll!« Ich lief mit ihm zum Kleiderschrank. Die meisten Röcke, Hosen und Westen hatte der tollwütige Rock schon zerrissen und zerfetzt. Ich ließ mir eine Pistole bringen und konnte ihn gerade noch, als er über meine kostbare Galauniform herfallen wollte, totschießen.

Das ist übrigens der einzige in der Medizin bekannt gewordene Fall, dass die Hundetollwut auch Kleider ansteckt.

Einmal jagte ich einen Hasen zwei Tage lang. Mein Hund brachte ihn immer wieder heran, aber ich konnte und konnte nicht zum Schuss kommen. Es grenzte an Hexerei, und obwohl ich nicht an derlei glaube, wusste ich keine andre Erklärung. Endlich traf ich den Hasen. Der Hund apportierte ihn, und was, glaubt ihr, sah ich? Das Tier hatte nicht nur die üblichen vier Läufe, sondern auch noch zwei Vorder-

und zwei Hinterläufe auf dem Rücken! Waren die zwei unteren Paare müde, warf er sich wie ein Schwimmer herum und rannte auf dem Rücken weiter. Na, nun war er allerdings tot, und dass er acht Läufe statt ihrer vier hatte, war nur noch für meine Gäste und mich wichtig, die ihn aufaßen. Es war eine Portion mehr.
Dass ich ihn überhaupt hatte schießen können, war im Grunde nicht mein Verdienst, sondern das meines damaligen Hundes. Es war ein Windhund, und er übertraf an Schnelligkeit und Ausdauer alle Hunde, die ich je besessen

habe. Er lief so oft, so schnell und so lange, dass er sich mit der Zeit die Beine bis unterm Bauche weglief! Während seiner letzten Lebensjahre konnte ich ihn deshalb nur noch als Dackel gebrauchen. Aber auch als Dachshund war er erstklassig. Und ich werde sein Andenken stets in Ehren halten.

DER HALBIERTE LITAUER

Dass ihr den Grafen Przobofsky in Litauen nicht gekannt habt, ist nicht weiter bedauerlich. Aber seinen prachtvollen Landsitz und vor allem sein berühmtes Gestüt zu kennen hätte sich schon verlohnt. Seine Zuchtpferde, man nannte sie kurzweg die »Litauer«, wurden mit Gold aufgewogen.

Als ich eines schönen Tages bei dem Grafen zum Tee war, ging er mit ein paar Herren in den Hof, um ihnen eines seiner jungen Pferde zu zeigen. Ich blieb im Staatszimmer bei den Damen, um sie mit meinen Geschichten zu unterhalten. Plötzlich hörten wir entsetzte Schreie. Ich eilte treppab in den Hof, wo das Pferd so wild um sich schlug, dass sich ihm niemand zu nähern, geschweige es zu besteigen wagte. Das war mir gerade recht. Mit einem Sprung saß ich auch schon auf seinem Rücken, und in kurzer Zeit parierte es wie ein Lämmchen. Man muss eben reiten können!

Nach einigen Volten zwang ich den Gaul, durch eines der offenen Fenster ins Staatszimmer zu springen und von dort aus sogar auf den Teetisch, auf dem ich die Levade und andere Kapriolen der hohen Schule zeigte. Mein Pferdchen machte das alles so geschickt, dass die Damen entzückt waren. Nicht ein einziger Teller ging entzwei. Der Graf war so begeistert, dass er mich bat, den Litauer zum Geschenk anzunehmen. Für den Türkenfeldzug, der unter Feldmarschall Münnich bevorstand.

Als wir die Türken, zwei Monate später, in die Festung Otschakow hineintrieben, befand ich mich bei der Vorhut und geriet durch die Schnelligkeit meines Litauers in des Teufels Küche. Ich war mit Abstand der Erste hinterm Feind, und als ich sah, dass er die Festung nicht halten wollte, sondern stracks weiterfloh, hielt ich auf dem Marktplatz an und blickte mich um. Aber weder der Trompeter noch meine anderen Husaren waren zu sehen. So ritt ich den Litauer zum Marktbrunnen und ließ ihn trinken. Er soff ganz unmäßig, als wäre sein Durst überhaupt nicht zu löschen. Schließlich wollte ich ihm einen beruhigenden Klaps auf die Kruppe geben und schlug ins Leere! Als ich mich verwundert umdrehte, blieb mir der Mund offen stehen! Was meint ihr wohl, was ich sah? Nichts! Das Hinterteil des armen Tieres, das Kreuz und die Flanken, alles war fort und wie abgeschnitten. Und das Wasser, das der Gaul soff und soff, floss hinten einfach wieder heraus!

Während ich noch grübelte, wie das zugegangen sein mochte, kam mein Reitknecht angaloppiert und berichtete mir atemlos Folgendes: Als ich hinter dem fliehenden Feinde durch das Festungstor ritt, hatte man gerade das Schutzgitter fallen lassen, und dadurch war das Hinterteil des Pferdes glatt abgeschlagen worden! Es war dann auf eine nahe gelegene Weide getrabt, wo schon andere Pferde grasten. Dort,

meinte der Husar, würden wir's wahrscheinlich wieder finden.

Wie der Wind jagten wir zu der Weide zurück und fanden dort tatsächlich die hintere Hälfte des Litauers, die munter im Gras umhersprang! Da war die Freude groß. Ich ließ auf der Stelle den Regimentshufschmied kommen. Ohne großes Federlesen heftete dieser die beiden Teile mit jungen Lorbeersprossen zusammen, die er zufällig bei der Hand hatte. Die Wunde heilte in ein paar Tagen. Und dann geschah etwas, was einem so ruhmvollen Pferde gut zu Gesicht stand. Die Sprossen wuchsen mit der Zeit und wölbten sich zu einer Art Lorbeerlaube über dem Rücken. Seitdem ritt ich im Schatten eines immergrünen Schmucks durch die Lande, und wir wurden überall gebührend bestaunt.

Übrigens, vor der Festung Otschakow hatte ich mit meinem Husarensäbel so heftig und so lange auf die Türken eingehauen, dass mein

Arm, als sie längst über alle Berge waren, ununterbrochen weiterfocht. Um mich nun nicht selber zu schlagen oder Leute, die mir zu nahe kamen, für nichts und wieder nichts zu prügeln, musste ich den Arm acht Tage ganz fest in einer Binde tragen. Dann war er in Ordnung und ich habe seitdem nichts mehr davon gemerkt.

DER RITT AUF
DER KANONENKUGEL
UND ANDERE
ABENTEUER

Im gleichen Feldzug belagerten wir eine Stadt – ich habe vor lauter Belagerungen vergessen, welche Stadt es war –, und Marschall Münnich hätte gerne gewusst, wie es in der Festung stünde. Aber es war unmöglich, durch all die Vorposten, Gräben und spanischen Reiter hineinzugelangen.

Vor lauter Mut und Diensteifer, und eigentlich etwas voreilig, stellte ich mich neben eine unserer größten Kanonen, die in die Stadt hineinschossen, und als sie wieder abgefeuert wurde, sprang ich im Hui auf die aus dem Rohr herauszischende Kugel! Ich wollte mitsamt der Kugel in die Festung hineinfliegen! Während des sausenden Flugs wuchsen allerdings meine Bedenken. Hinein kommst du leicht, dachte ich, aber wie kommst du wieder heraus? Man wird dich in deiner Uniform als Feind erkennen und an den nächsten Galgen hängen!

Diese Überlegungen machten mir sehr zu

schaffen. Und als eine türkische Kanonenkugel, die auf unser Feldlager gemünzt war, an mir vorüberflog, schwang ich mich auf sie hinüber und kam, wenn auch unverrichteter Sache, so doch gesund und munter wieder bei meinen Husaren an.

Im Springen über Zäune, Mauern und Gräben war mein Pferd nicht zu schlagen. Hindernisse gab es für uns nicht. Wir ritten immer den geradesten Weg. Als ich einmal einen Hasen verfolgte, der quer über die Heerstraße lief, fuhr zwischen ihm und mir dummerweise eine Kutsche mit zwei schönen Damen vorüber. Da die Kutschenfenster heruntergelassen waren und ich den Hasen nicht aufgeben wollte, sprang ich samt dem Gaul kurz entschlossen durch die Kutsche hindurch! Das ging so schnell, dass ich mit knapper Mühe und Not die Zeit fand, den Hut zu ziehen und die Damen um Entschuldigung zu bitten.

Ein anderes Mal wollte ich mit meinem Litauer über einen Sumpf springen. Bevor ich sprang, fand ich ihn lange nicht so breit wie während des Sprungs. Nun, wir wendeten mitten in der Luft um und landeten mit heiler Haut auf dem Trocknen. Aber auch beim zweiten Anlauf sprangen wir zu kurz und sanken nicht weit

vom andern Ufer bis an den Hals in den Morast! Und wir wären rettungslos umgekommen, wenn ich mich nicht, ohne mich lange zu besinnen, mit der eignen Hand am eignen Haarzopf aus dem Sumpf herausgezogen hätte! Und nicht nur mich, sondern auch mein Pferd! Es ist manchmal ganz nützlich, kräftige Muskeln zu besitzen.

Trotz meiner Tapferkeit und Klugheit und trotz meines Litauers Schnelligkeit und Ausdauer geriet ich, nach einem Kampf mit einer vielfachen Übermacht, in Kriegsgefangenschaft. Und was noch schlimmer ist: Ich wurde als Sklave verkauft! Das war ein rechtes Unglück, und wenn meine Arbeit auch nicht gerade als Schwerarbeit zu bezeichnen war, so war sie nicht nur recht seltsam, sondern auch ein bisschen lächerlich oder ärgerlich, wie man will. Ich musste nämlich die Bienen des türkischen Sultans jeden Morgen auf die Weide treiben! Dort musste ich sie, als wären's Ziegen oder Schafe, den ganzen Tag über hüten. Und am Abend musste ich sie wieder in ihre Bienenstöcke zurückscheuchen.

Eines Abends sah ich nun, dass zwei Bären eine der Bienen angefallen hatten und sie, ihres eingesammelten Honigs wegen, zerreißen wollten. Da ich nichts in der Hand hatte als meine silberne Axt, die das Kennzeichen für die Sultansgärtner ist, so warf ich die Axt mit aller Wucht nach den beiden Räubern. Doch sie traf die Bären nicht, sondern flog an ihnen vorbei, stieg infolge des gewaltigen Schwungs höher und höher und fiel erst, wo glaubt ihr, nieder? Auf dem Mond!

Was tun? Wie sollte ich sie wiederkriegen? Wo gab es so lange Leitern? Zum Glück fiel mir ein, dass die türkischen Bohnen in kürzester Frist erstaunlich emporwachsen. Ich pflanzte sofort eine solche Bohne, und sie wuchs doch tatsächlich bis zum Monde hinauf und rankte sich um die eine Spitze der Mondsichel! Nun war es eine Kleinigkeit hinaufzuklettern, und eine halbe Stunde später fand ich auch meine Axt wieder, die auf einem Haufen Spreu und Häcksel lag.

Ich war heilfroh und wollte schleunigst in die Türkei zurückklettern, aber ach!, die Sonnenhitze hatte meine Kletterbohne völlig ausgetrocknet und sie war zu nichts mehr zu gebrauchen! Ohne langes Federlesen flocht ich mir aus dem Mondhäcksel einen Strick, den ich an einem der Mondhörner festband. Dann ließ ich mich vorsichtig hinunter. Nach einiger Zeit hieb ich mit meiner silbernen Axt das überflüssig gewordene Stück über mir ab und knüpfte es unter mir wieder an. Das ging eine ganze Weile gut, aber mit einem Male, als ich noch in den Wolken

hing, riss der Strick! Und ich stürzte mit solcher Gewalt auf Gottes Erdboden, dass ich etwa zehn Meter tief in die Erde hineinfiel! Mir taten alle Knochen weh. Doch nachdem ich mich etwas erholt hatte, grub ich mir mit den Fingernägeln, die ich glücklicherweise zehn Jahre nicht geschnitten hatte, eine Treppe ins Erdreich, stieg auf dieser hoch und kehrte zu meinen Bienen zurück.

Das nächste Mal fing ich's mit den Bären gescheiter an. Ich bestrich die Deichsel eines Erntewagens mit Bienenhonig und legte mich nicht weit davon in den Hinterhalt. Was ich erwartet hatte, trat ein. Vom Duft des Honigs angelockt, erschien bald darauf ein riesiger Bär und begann an der Deichselspitze so gierig zu lecken, dass er sich nach und nach die ganze Deichselstange durch den Rachen, den Magen und den Bauch hindurch und am Hinterteil wieder herausleckte. Er stak wie am Spieße. Nun lief ich rasch hinzu, steckte durch das vordere Deichselende einen Pflock und ließ Meister Petz bis zum nächsten Morgen zappeln. Der Sultan, der zufällig vorbeispazierte, wollte sich fast totlachen.

Kurz darauf schlossen die Russen und die Türken Frieden, und ich wurde als einer der ersten Gefangenen ausgeliefert und nach Petersburg zurückgeschickt. Dort nahm ich meinen Abschied und kehrte nach Deutschland zurück. Es war ein so strenger Winter, dass sogar die Sonne Frostbeulen bekam, und ich fror noch viel mehr als auf der Hinreise.
Da mein Litauer von den Türken beschlagnahmt worden war, musste ich mit der Schlittenpost reisen. In einem Hohlweg, der kein Ende nehmen wollte, bat ich den Postillion, mit seinem Horn ein Signal zu blasen, damit

wir nicht etwa mit einem uns entgegenkommenden Fuhrwerk zusammenstießen. Er setzte das Posthorn an die Lippen und blies aus Leibeskräften hinein. Aber sosehr er sich anstrengte, es kam kein Ton heraus! Trotzdem erreichten wir die nächste Poststation gesund und munter und beschlossen Rast zu machen und uns von den Strapazen zu erholen. Der Postillion hängte sein Horn an einen Nagel beim Küchenfeuer. Und wir setzten uns zum Essen.

Auf einmal erklang's »Tereng, tereng, tereng, tengteng!« Wir sperrten die Ohren auf und machten große Augen. Dann merkten wir, warum der Postillion nicht hatte blasen können. Die Töne waren in dem Horn festgefroren! Nun tauten sie nach und nach auf, und es wurde ein richtiges Tafelkonzert daraus. Wir hörten unter anderem »Ohne Lieb und ohne Wein«, »Gestern Abend war Vetter Michel da«

und sogar das schöne Abendlied »Nun ruhen alle Wälder«.

So endete der Spaß mit dem Posthorn, und damit endet zugleich meine russische Reisegeschichte. Sollten womöglich einige Leser glauben, ich hätte bis hierher dann und wann gelogen, so rate ich ihnen in ihrem eigensten Interesse, das Buch zuzuschlagen. Denn auf der nächsten Seite bereits folgen Abenteuer, die noch wunderbarer als die bisherigen, aber ebenso wahr sind.

DIE WETTE
MIT DEM SULTAN

Nach Jahren kam ich wieder in die Türkei. Diesmal aber nicht als Kriegsgefangener, sondern als Mann von Rang und Namen. Einige Botschafter stellten mich dem Sultan vor, der mich beiseite nahm und bat, einen ebenso wichtigen wie geheimen Auftrag für ihn in Kairo zu erledigen. Ich sagte zu und reiste kurz danach mit Pomp und Gefolge ab.

Kaum hatten wir Konstantinopel verlassen, sah ich einen kleinen, dünnen Mann rasch wie ein Wiesel querfeldein rennen, und als er näher kam, entdeckte ich zu meinem Befremden, dass er an jedem Bein ein Bleigewicht von gut fünfzig Pfund trug. »Wohin so schnell?«, rief ich. »Und was sollen die Gewichte?« »Ach«, meinte er, »ich bin vor einer halben Stunde in Wien weggelaufen und will mir in Konstantinopel eine neue Stellung suchen. Die Bleigewichte trag ich nur, damit ich nicht zu schnell renne. Ich hab ja heute keine Eile.« Der Mann

gefiel mir. Ich fragte, ob er mit mir reisen wolle. Und da wir rasch handelseinig wurden, zog er mit uns weiter. Durch manche Stadt und durch manches Land.

Eines Tages sah ich, nicht weit vom Weg, einen Mann in einer Wiese liegen. Er presste sein Ohr auf den Boden, als wolle er die Maulwürfe bei ihrer Unterhaltung belauschen. Als ich ihn fragte, was er da treibe, gab er zur Antwort: »Ich höre das Gras wachsen.« »Das kannst du?«, fragte ich. »Eine Kleinigkeit für mich«, meinte er achselzuckend. Ich engagierte ihn auf der Stelle. Leute, die das Gras wachsen hören, kann man immer einmal brauchen.

An diesem Tage hatte ich überhaupt Glück. Auf einem Hügel gewahrte ich einen Jäger, der das Gewehr angelegt hatte und damit Löcher in die Luft schoss. »Was soll das?«, fragte ich. »Wonach zielst und schießt du?« »Ach«, sagte er, »ich probiere nur das neue Kuchenreutersche Gewehrmodell aus. Auf der Turmspitze des Straßburger Münsters saß eben noch ein kleiner Sperling. Den hab ich heruntergeschossen.« Dass ich den Jäger mitnahm, versteht sich von selbst.

Wir zogen weiter und weiter, und eines Tages kamen wir am Libanongebirge vorüber. Dort stand, vor einem Zedernwald, ein untersetzter, kräftiger Bursche und zerrte an einem Strick, den er um den ganzen Wald geschlungen hatte. »Was soll das?«, fragte ich erstaunt. »Ach«, sagte er, »ich soll Holz holen und habe die Axt zu Hause liegen lassen!« Mit diesen Worten riss er auch schon den Wald, mindestens einen Hektar im Umfang, nieder. Was tat ich? Natürlich nahm ich ihn mit. Er verlangte eine ziemlich hohe Schwerarbeiterzulage, aber ich hätte ihn nicht auf dem Libanon gelassen, auch wenn es mich mein ganzes Botschaftergeld gekostet hätte.

Als ich endlich in Ägypten eintraf, erhob sich mit einem Male ein solcher Sturm, dass wir

samt Pferden und Wagen umgeworfen und fast in die Luft gehoben wurden! In der Nähe standen sieben Windmühlen, deren Flügel sich wie verrückt um ihre Achsen drehten. Nicht weit davon lehnte ein dicker Kerl, der sich mit dem Zeigefinger das rechte Nasenloch zuhielt. Als er uns in dem Sturm zappeln und krabbeln sah, nahm er den Finger von der Nase und zog höflich den Hut. Mit einem Schlag regte sich kein Lüftchen mehr und alle sieben Windmühlen

standen still. »Bist du des Teufels?«, rief ich ärgerlich. »Entschuldigen Sie vielmals, Exzellenz«, sagte er, »ich mach nur für den Windmüller ein bisschen Wind. Wenn ich mir nicht das rechte Nasenloch zugehalten hätte, stünden die Windmühlen gar nicht mehr auf ihrem alten Platz.« Ich engagierte ihn auf der Stelle.
Wir zogen weiter nach Kairo. Als ich mich dort meines geheimen Auftrags entledigt hatte, entließ ich das gesamte Gefolge und behielt nur den Schnellläufer, den Horcher, den Jäger, den starken Burschen vom Libanon und den Windmacher in meinen Diensten.

Beim Sultan stand ich nach der ägyptischen Reise in noch viel höherer Gunst als vorher. Jeden Mittag und Abend aßen wir zusammen, und ich muss sagen, dass seine Küche besser war als die aller übrigen Herrscher, mit denen ich gespeist habe. Aber mit den Getränken sah es bitter aus, o jeh! Denn die Mohammedaner dürfen bekanntlich keinen Wein trinken. Das bereitete mir keinen geringen Kummer. Und, wie mir schien, dem Sultan selber auch.

Eines Tages gab er mir nach dem Essen einen verstohlenen Wink, ihm in ein kleines Kabinett zu folgen. Nachdem er die Tür abgeriegelt hatte, holte er aus einem Schränkchen eine Flasche hervor und sagte: »Das ist meine letzte Flasche ungarischen Tokajers. Die Christen verstehen etwas vom Trinken, und Sie, Münchhausen, erst recht. Nun, so etwas Delikates haben Sie in Ihrem ganzen Leben noch nicht getrunken!«

Er schenkte uns beiden ein, wir tranken, und er meinte: »Was halten Sie davon?« »Ein gutes Weinchen«, antwortete ich, »trotzdem steht fest, dass ich in Wien bei Kaiser Karl dem Sechsten ein noch viel besseres getrunken habe. Das sollten Majestät einmal versuchen!« »Ihr

Wort in Ehren, Baron. Aber einen besseren Tokajer gibt es nicht! Ich bekam ihn seinerzeit von einem ungarischen Grafen geschenkt, und er schwor mir, es sei der beste weit und breit!«
»Was gilt die Wette?«, rief ich. »Ich schaffe in einer Stunde eine Flasche aus den kaiserlichen Kellereien in Wien herbei, und dann sollen Sie Augen machen!« »Münchhausen, Sie faseln!« »Ich fasle nicht, Majestät! In sechzig Minuten wird eine Flasche aus dem kaiserlichen Keller in Wien hier vor uns auf dem Tische stehen, und gegen diesen Wein ist der Ihre der reinste Krätzer!«
Der Sultan drohte mir mit dem Finger. »Sie wollen mich zum Besten haben, Münchhausen! Das verbitte ich mir! Ich weiß, dass Sie es mit der Wahrheit sehr genau zu nehmen pflegen. Doch jetzt schwindeln Sie, Baron!« »Machen wir die Probe!«, sagte ich. »Wenn ich mein Wort nicht halte, dürfen mir Kaiserliche

Hoheit den Kopf abschlagen lassen! Und mein Kopf ist ja schließlich kein Pappenstiel! Was setzen Sie dagegen?«

»Ich nehme Sie beim Wort«, erwiderte der Sultan. »Foppen lasse ich mich auch von meinen Freunden nicht gern. Steht die Flasche Schlag vier nicht auf diesem Tisch, kostet es Sie den Kopf. Wenn aber Sie die Wette gewinnen, dürfen Sie aus meiner Schatzkammer so viel Gold, Silber, Perlen und Edelsteine nehmen, wie der stärkste Mann nur zu schleppen vermag!« »Topp!«, rief ich. »Das lässt sich hören!« Dann bat ich um Tinte und Feder und schrieb an die Kaiserin Maria Theresia folgenden Brief: »Ihre Majestät haben als Universalerbin Ihres höchstseligen Herrn Vaters gewiss auch dessen Weinkeller geerbt. Dürfte ich darum bitten, meinem Boten eine Flasche Tokajer mitzugeben? Doch, bitte, nur von dem allerbesten! Denn es handelt sich um eine Wette, bei der ich nicht den Kopf verlieren möchte. Im Voraus herzlichen Dank! Ihr sehr ergebener Münchhausen.«

Das Briefchen gab ich meinem Schnellläufer. Er schnallte seine Bleigewichte ab und machte sich augenblicklich auf die Beine. Es war fünf Minuten nach drei. Der Sultan und ich tranken dann den Rest seiner Flasche aus und schauten gelegentlich nach der Wanduhr hinüber. Es wurde Viertel vier. Es wurde halb vier. Als es drei Viertel vier schlug, ohne dass sich mein Läufer blicken ließ, wurde mir allmählich schwül zumute. Der Sultan blickte bereits verstohlen auf die Glockenschnur. In kurzer Zeit würde er nach dem Henker läuten.

Ich bat um die Erlaubnis, in den Garten gehen zu dürfen. Der Sultan nickte, gab aber ein paar Hofbeamten den Auftrag, mir auf den Fersen zu bleiben. Drei Uhr und fünfundfünfzig Minuten wurde ich so nervös, dass ich nach meinem

Horcher und dem Jäger schickte. Der Horcher warf sich platt auf die Erde und erklärte kurz darauf, dass der Läufer, weit weg von hier, im tiefsten Schlaf läge und aus Leibeskräften schnarche! Der Schütze rannte auf eine hochgelegene Terrasse, sah durchs Gewehrvisier und rief außer sich: »Wahrhaftig, da liegt er! Unter einer Eiche bei Belgrad! Und die Flasche mit Tokajer liegt neben ihm! Warte, mein Lieber!« Dann zielte er und schoss in die Luft. Was geschah? Die Kugel traf die Eiche, unter welcher der Bursche schnarchte. Blätter, Zweige und Eicheln prasselten ihm aufs Gesicht. Er sprang auf, nahm die Flasche, raste los und langte fünf Minuten vor vier vor des Sultans Kabinett an! Mir fiel ein Stein vom Herzen.

Der Sultan probierte sofort den Tokajer. Dann meinte er: »Ich hab die Wette verloren, Münchhausen.« Nachdem er die Flasche in seinem Schränkchen fest verschlossen hatte, klingelte er dem Schatzmeister und sagte: »Mein Freund Münchhausen darf so viel aus der Schatzkammer mitnehmen, wie der stärkste Mann forttragen kann!« Der Schatzmeister verneigte sich mit der Nase bis zur Erde. Mir aber schüttelte der Sultan die Hand. Dann entließ er uns beide.

Jetzt galt es, keine Zeit zu verlieren. Ich rief meinen starken Mann und eilte mit ihm in die Schatzkammer. Er schnürte mit langen Stricken ein riesiges Bündel zusammen. Was er nicht unterbrachte, war kaum der Rede wert. Daraufhin rannten wir zum Hafen, mieteten das größte Segelschiff, das zu haben war, wanden den Anker hoch und suchten das Weite. Das war dringend nötig. Denn als der Sultan hörte, was für einen Streich ich ihm gespielt hatte, befahl er dem Großadmiral, mit der ganzen Flotte auszulaufen und mich und das Schiff einzufangen!

Wir waren kaum zwei Meilen von der Küste entfernt, als ich die türkische Kriegsflotte mit vollen Segeln näher kommen sah. Und ich muss gestehen, dass mein Kopf von neuem zu wackeln anfing. Da sagte mein Windmacher: »Keine Bange, Exzellenz!« Er trat auf das Hinterdeck und hielt den Kopf so, dass das rechte Nasenloch auf die türkische Flotte und das linke auf unsere Segel gerichtet war. Und dann blies er so viel Wind und Sturm durch die Nase, dass die Flotte mit zerbrochenen Masten und zerfetzten Segeln in den Hafen zurückgejagt wurde und dass unser Schiff wie auf Flügeln dahinschoss und bereits drei Stunden später in Italien eintraf.

DIE ZWEITE
MONDREISE

Erinnert ihr euch noch, wie ich auf den Mond klettern musste, um meine silberne Axt wiederzuholen? Nun, später geriet ich ein zweites Mal auf den Mond, freilich auf viel angenehmere Art und Weise. Ein entfernter Verwandter von mir, ein sehr wohlhabender Mann, plante eine Expedition. Es müsse, sagte er, ein Land geben, dessen Einwohner solche Riesen seien wie die im Königreich Brobdingnag, von dem Gulliver berichtet hat. Er wolle dieses Land finden, und ich solle ihn begleiten. Ich hielt zwar das Ganze für ein Märchen, aber er hatte mich, wie ich wusste, als Erben eingesetzt, und so war ich ihm schon eine kleine Gefälligkeit schuldig.

Wir fuhren also los und kamen bis in die Südsee, ohne dass uns etwas Nennenswertes begegnet wäre, wenn man von ein paar fliegenden Männern und Frauen absieht, die in der Luft Menuett tanzten. Erst am achtzehnten Tag,

nachdem wir die Insel Otaheiti passiert hatten, begannen die Abenteuer, und zwar mit einem unheimlichen Orkan, der unser Schiff, etwa tausend Meilen hoch, in die Luft hob. Dort oben über den Wolken segelten wir dann sechs Wochen und einen Tag, bei stetiger Brise, dahin, bis wir ein großes Land entdeckten. Es war rund und glänzend und glich einer schimmernden Insel. Wir gingen in einem bequemen Hafen vor Anker und an Land. Tief unter uns sahen wir, mit unseren Fernrohren, die Erdkugel mit ihren Seen, Flüssen, Bergen und Städten, winzig wie Spielzeug.
Die Insel, das merkten wir bald, war der Mond. Die Bewohner ritten auf dreiköpfigen Geiern durch die Luft, als seien es Pferde. Da gerade Krieg war, und zwar mit der Sonne, bot mir der Mondkönig eine Offiziersstelle an. Ich lehnte aber ab, als ich hörte, dass man statt Wurfspießen große weiße Rettiche nähme und Pilze als

Schilde. So ein vegetarischer Krieg, sagte ich, sei nichts für mich.

Außer den Mondriesen traf ich auch Bewohner des Hundssterns. Sie reisen als rührige Kaufleute durchs ganze Weltall, sehen wie große

Bullenbeißer aus und haben die Augen links und rechts unter der Nase. Da die Augen lidlos sind, decken die Leute beim Schlafengehen die Augen mit der Zunge zu. Die Hundssternbewohner messen im Durchschnitt zwanzig, die Mondmenschen sogar sechsunddreißig Fuß. Sie heißen aber nicht Mondmenschen, sondern »kochende Geschöpfe«, weil sie ihre Speisen, genau wie wir, auf dem Herd zubereiten. Das Essen kostet sie wenig Zeit. Sie öffnen einfach ihre linke Seite und schieben die Mahlzeit direkt in den Magen. Das geschieht außerdem nur einmal im Monat, also zwölfmal im Jahr. Auch sonst haben sie ein recht bequemes Leben. Die Tiere, aber auch die »kochenden Geschöpfe« selber wachsen auf Bäumen in sechs Fuß langen, nussähnlichen Früchten, die man, wenn sie reif sind, pflückt, einige Zeit lagert und schließlich in heißes Wasser wirft. Nach ein paar Stunden springen dann die fertigen

Geschöpfe heraus. Jedes der Wesen ist schon vor der Geburt auf seinen künftigen Beruf vorbereitet, ob nun als Soldat, Professor, Pfarrer oder Bauer, und beginnt sofort nach der Geburt den vorbestimmten Beruf auszuüben.

Sie haben an jeder Hand nur einen Finger, tragen den Kopf unter dem rechten Arm und lassen ihn, wenn sie auf Reisen oder zur Arbeit gehen, normalerweise zu Hause. Sie können's aber auch umgekehrt machen, den Kopf fortschicken und den Körper daheim lassen. Die Augen können sie in die Hand nehmen und dann damit genauso gut sehen, als hätten sie die Augen im Kopf. Wenn sie eins verlieren, macht das nichts. Man kann sich ein neues in Spezialgeschäften kaufen, in jeder Farbe und gar nicht teuer. Als ich auf dem Mond war, waren gerade gelbe Augen Mode.

Ehe ich es vergesse: Der Bauch dient den Mondleuten als Rucksack und Handtasche. Sie ste-

cken alles, was sie mitnehmen, in ihn hinein wie in einen Schulranzen und können ihn nach Belieben auf- und zumachen. Und wenn sie alt geworden sind, so sterben sie nicht, sondern lösen sich in Luft auf und verfliegen wie Rauch überm Dach.

Ich muss zugeben, dass das alles recht seltsam

klingen mag. Aber es hat trotzdem seine Richtigkeit, und wer auch nur im Geringsten daran zweifelt, braucht nur auf den Mond zu reisen und meine Angaben nachzuprüfen. Dann wird er mir abbitten und bestätigen, dass ich von der Wahrheit so wenig abgewichen bin wie kein anderer Mondreisender sonst. Faustdicke Lügen aufzutischen war mir mein Leben lang verhasst. Ich kann's nicht ändern.

So, und nun will ich ein Glas Punsch trinken. In meinem Zwölfliterglas. Prosit!

NACHWORT

Erich Kästner, 1899 geboren, war der erste wahre deutsche Dichter für Kinder: Er gestand ihnen das uneingeschränkte Recht auf Literatur zu. Kästner stammte aus Dresden, hatte dort das Lehrerseminar besucht und studierte nach dem Ersten Weltkrieg in Rostock, Leipzig und Berlin. Der junge Herr Doktor zog nach Berlin und begann als Theaterkritiker und freier Mitarbeiter für verschiedene Zeitschriften und Feuilletons zu schreiben, unter anderem für die »Weltbühne«. 1928 fragte ihn die Witwe seines Verlegers, Edith Jacobsohn, ob er nicht Lust habe, für sie einen Kinderroman zu schreiben.
Kästner hatte Lust, und 1929 erschien »Emil und die Detektive« und wurde ein unbeschreiblicher Erfolg. Kästner, der Lehrer, der sich einen Moralisten nannte, schrieb für Kinder, »ohne in die Kniebeuge zu gehen, weil Kinder erwiesenermaßen klein sind«. Er nahm sie ernst. Er wollte nicht, dass sie solche Erwachsene würden wie die, die er um sich sah: verlogen und verbogen. Deshalb malte er ihnen keine Welt in Rosa, in der allen Tugendhaften die Belohnung sicher ist. Er zeigte ihnen das Leben in der Großstadt mit allen Ungerechtigkeiten. Er traute ihnen zu, diesen Anblick

zu ertragen. Er appellierte an die Kinder, sich nicht ducken zu lassen. Er forderte von ihnen Wahrhaftigkeit und die Fähigkeit, mit Schicksalsschlägen und mit den verbiesterten Erwachsenen tapfer und aufrecht fertig zu werden. Und gleich im »Emil« machte er ihnen vor, was Freundschaft und Solidarität bedeuten. Ja, er war ein Moralist und hob den Zeigefinger und sagte den Kindern klipp und klar, was die Moral von der Geschicht war. Aber die Kinder verstanden und liebten ihn sofort.

In den zwanziger Jahren hatten sie auch noch nicht viel anderes zu lesen; erst mit Kästner begann die deutsche Kinderliteratur gleichzeitig unterhaltsam zu werden und in der sozialen Wirklichkeit zu spielen, in der ihre Leser lebten. So wurde Kästner von allen gelesen, auch von den Jungen, die später in der HJ- oder SA-Uniform steckten. Als Erich Kästner Ende 1933 zum ersten Verhör in die gefürchtete Prinz-Albrecht-Straße, das Hauptquartier der Gestapo, bestellt wurde, begrüßten ihn dort die SS-Leute mit dem Ruf: »Ach, da kommen ja Emil und die Detektive!«

Das wird halb Hohn, halb aber auch widerwillige Bewunderung und unauslöschliche Zuneigung gewesen sein. Denn wenn Kästners Bücher auch schon 1933 verbrannt worden waren, so zeigt gerade dieser Ausruf, dass man den Geist der Dichtung, die Erinnerung an Gestalten wie Emil oder Pünktchen und Anton niemals verbrennen kann.

Darauf hatte Erich Kästner auch vertraut. Er erhielt in den Jahren des Nationalsozialismus Schreibverbot, aber nach dem Kriegsende begann er, der Satiriker und bitterböse

Zeitdichter, mit ungebrochenem Optimismus erneut für Kinder zu schreiben. Er wusste, dass er keinen in der Wolle gefärbten Nazi wirklich ändern konnte. Deshalb richtete er seine ganze Kraft und Phantasie auf die Kinder und ihre Literatur. Er gehörte zu den Gründern des Internationalen Kuratoriums für das Jugendbuch, denn er sah in Büchern die einzigen zuverlässigen Brücken der Verständigung zwischen den Nationen. Seine Bücher gehörten zu den besten: Sie wurden in fast alle Sprachen übersetzt, und so lernten zum Beispiel amerikanische Kinder mit »Emil« Deutsch. Kästner hat nicht nur seine eigenen Schallplatten besprochen, sondern auch bei den Filmen nach seinen Kinderromanen die Drehbücher oder die Dialoge geschrieben. Er war ein Profi und er wollte nur die beste Ware für die Kinder liefern.

Die letzten Kinderromane schrieb er 1963 und 1967 für seinen Sohn Thomas: »Der kleine Mann« und »Der kleine Mann und die kleine Miss«. 1974 starb er in München, wo er seit 1946 gelebt hatte.

Während des Krieges war Kästner damit beauftragt worden, für die UFA das Drehbuch für den Film »Münchhausen« zu schreiben, und diese Arbeit hat ihn auf die alten deutschen Schwänke und Sagen aufmerksam gemacht. Für Kinder erzählte er gleich nach dem Krieg dann den »Münchhausen« noch einmal. Damit folgte er einer alten Tradition, denn die Quellen einiger dieser Lügengeschichten lassen sich bis ins Altertum zurückverfolgen. Immer schon hat es Müßiggänger gegeben, die sich die Zeit mit dem Weiterspinnen von tollen Abenteuern vertrieben, die sie selber an einem anderen Herd oder Lagerfeuer gehört hatten. Aufgeschrieben und zum Volksbuch wurden diese Geschichten jedoch erst Ende des 18. Jahrhunderts, von einem Unbekannten, der sie 1781 beim Verleger Mylius in Berlin veröffentlichte und dem Herrn von Münchhausen im Hannöverschen zuschrieb. In England (über das auch der König von Hannover regierte) weckte das Buch großes Interesse, wieder griff jemand den Stoff auf und erzählte ihn auf Englisch neu. Es war der ehemalige Bibliothekar Rudolf Raspe aus Kassel, den es nach London verschlagen hatte. Er fasste als Erster die einzelnen Anekdoten und Schwänke zu einer Erzählung mit einem Helden zusammen: dem Baron von Münchhausen. Das Buch wurde in London gedruckt, ein Jahr später bekam es Professor Gottfried August Bürger aus Göttingen in die Hand. Er übersetzte den Text ins Deutsche, ergänzte ihn und ließ ihn, wie vorher Raspe, anonym erscheinen. Seine Version der Lügengeschichten wurde zu einem deutschen Klassiker.

Was für ein Vergnügen muss es Kästner gemacht haben, gerade dieses Volksbuch, in dem so viel Historie steckt, mit seinen Worten, mit seiner Lebenserfahrung nachzuerzählen.

Sybil Gräfin Schönfeldt

Kinderbücher von
Erich Kästner

Als ich ein kleiner Junge war
Das doppelte Lottchen
Emil und die Detektive
Emil und die drei Zwillinge
Das fliegende Klassenzimmer
Der 35. Mai
Der kleine Mann
Der kleine Mann und die kleine Miss
Die Konferenz der Tiere
Pünktchen und Anton
Das Schwein beim Friseur
Das verhexte Telefon
Die lustige Geschichtenkiste
Erich Kästner erzählt
Don Quichotte
Der gestiefelte Kater
Gullivers Reisen
Münchhausen
Die Schildbürger
Till Eulenspiegel

Cecilie Dressler Verlag